42

Lb 645.

# SUR LES MOYENS

De tirer le meilleur parti possible, dans les circonstances actuelles, des Biens nationaux, provenans du partage de la République avec les ascendans d'émigrés.

Par St.-AUBIN, *prof. de législation.*

C'est à-présent qu'il faut des ressources au Gouvernement, et non pas dans dix ans d'ici.

Je suppose, d'abord, que conformément au vœu bien manifesté par presque tous les orateurs du Conseil des anciens, qui ont fait rejetter la résolution du 26 pluviôse, on s'en tiendra purement et simplement à la loi du 9 floréal ; loi , d'ailleurs, qui n'avait été que suspendue par celle du 11 messidor , et que la loi du 20 floréal an 4 a fait entièrement revivre, avec la seule différence qu'elle a fort mal-à-propos rendu facultatif le partage que la loi du 9 floréal avait prescrit impérativement.

Je suppose encore que conformément à la même loi du 9 floréal , et qui plus est, conformément à l'intérêt bien entendu de la République , celle-ci , moyennant ce partage anticipé avec les ascendans , renonce à toute autre successibilité , d'autant plus qu'il a été démontré , jusqu'à l'évidence que cette successibilité monstrueuse , abolie par la loi du 9 floréal , et proposée de nouveau par la résolution rejettée du 26 pluviôse , loin d'être une ressource pour le gouvernement , porterait un coup funeste à celles qu'il a d'ailleurs.

En conséquence , il ne s'agira plus que de déterminer le mode d'exécution pour le partage prescrit par la loi du 9 floréal ; partage que je suppose devoir être , de nouveau , ordonné et exécuté dans le plus court délai.

( 3 )

Cela posé, je dis que le mode de vente le plus avantageux pour la République, celui dont le gouvernement pourra retirer la ressource la plus prompte et la plus efficace, sera de laisser aux ascendans mêmes avec qui le partage aura été fait, la faculté de racheter, à des conditions raisonnables, la part dévolue à la République (*).

---

(*) Par la loi du 14 ventôse, il a été adopté un mode de vente analogue pour les domaines engagés ; mais on verra bientôt combien est supérieure la ressource qu'assure au Gouvernement celui que je propose pour les biens résultans du partage avec les ascendans d'émigrés. Voici, en attendant les différences principales :

1º. Le produit du rachat des domaines engagés, en supposant que tous soient vendus aux conditions que prescrit la loi, n'a été porté qu'à 6 millions, par la commission qui l'a proposé ; et si même ces conditions assez onéreuses ne conviennent pas à tous les engagistes, ce qui est plus que probable ; s'il faut payer à ceux qui renonceront à leurs possessions, les indemnités que la loi leur accorde, le produit réel restera encore bien au-dessous de 6 millions, tandis que d'après des probabilités qui approchent de la certitude, on en retirera au moins vingt-cinq du partage avec les ascendans.

2º. Aucun engagiste ne pouvant soumissionner moins du domaine entier, le rachat peut souvent passer ses

Les avantages que celle-ci retirerait de cette mesure, sont sans nombre. En voici les principaux ; ils sont trop évidens pour avoir besoin de beaucoup de développemens; un simple exposé suffit pour en faire apprécier l'importance.

1º. En adoptant cette mesure, les biens nationaux résultant de ce partage seraient vendus à des gens, dont la plupart ne pourraient, ou ne voudraient pas acheter *d'autres* biens nationaux ; le nombre des acquéreurs ou concurrens pour ces derniers ne seraient donc pas diminué par ce mode de vente, comme cela arriverait infailliblement, si les biens résultans de ce partage étaient vendus, de même que les autres biens nationaux, à l'enchère. Le mode de vente proposé serait donc exempt de l'in-

---

facultés, ce qui rend le paiement, à l'échéance des cédules souscrites, beaucoup moins sûr, tandis qu'ici il ne s'agit généralement que de racheter une partie d'un patrimoine pour conserver le tout.

5º. Tout le prix étant payable en cinq mois, il y a moins de possibilité, et par conséquent, moins de certitude pour le paiement à l'échéance, qu'il n'y en a dans le mode que je propose.

convénient majeur attaché à tous les autres qu'on pourrait imaginer, qui est de diminuer le nombre des acheteurs, et par conséquent le prix de vente pour chaque bien séparément, à mesure qu'on augmente la masse de ceux destinés à être vendus.

2°. Cette vente ferait sortir beaucoup de numéraire enfoui, qui autrement ne serait pas rentré de sitôt dans la circulation, surtout pour être employé en terres, et qui plus est, pour les besoins du gouvernement et le service de la République.

3°. Sous le même rapport, le taux de l'intérêt s'élèverait beaucoup moins par ce mode de vente, que si l'on vendait à l'enchère ; vente qui augmente singulièrement le nombre des demandeurs d'argent.

4°. Le nombre des immeubles mis publiquement en vente n'étant pas augmenté par le mode de vente proposé, celui-ci ne contribuerait pas comme toutes les ventes à l'enchère, à déprécier la valeur vénale des immeubles en général.

5°. Les biens devenus nationaux par le partage avec les ascendans, redevenant presque sur-le-champ patrimoniaux à l'aide du mode de vente proposé, et ne sortant pas des mains des anciens propriétaires, cette confiscation partielle deviendrait par-là beaucoup plus douce, et exciterait moins de plaintes et de regrets que n'en excitent généralement les confiscations même les plus justes.

6°. Beaucoup de biens restant par-là intacts entre les mains des mêmes propriétaires, conserveraient toute la valeur de position et de convenance qu'ils perdraient par le morcellement que produiraient les ventes à l'enchère.

7°. Enfin, (et cette considération, je crois, suffira à elle seule pour décider la question) le mode de vente proposé pourra fournir au gouvernement *de suite*, une ressource extraordinaire pour les besoins urgens et imprévus de la guerre; ressource comme il n'en a pas encore eue, puisqu'elle consistera en délégations qui, par leur nature, pourront aller de pair avec le meilleur papier du commerce. Ceci mérite quelques développemens.

D'après les renseignemens positifs que s'est procuré, sur cet objet, le ministre des finances, la totalité des biens nationaux résultans de ce partage, peut être évaluée à 110 millions valeur 1790. (*) Si l'on donnait aux

_________

(*) C'est-à-dire, en estimant le bien à vingt années'

ascendans d'émigrés un long terme. Dix ans, par exemple : pour acheter à ce taux, la part échue à la République, et qu'on voulut attendre tout ce tems pour réaliser le prix de la vente, il est probable qu'on en retirerait cette somme en espèces, parce que jamais on ne vend mieux à terme, que lorsque l'argent et le crédit sont rares. Mais encore une fois, c'est à-présent qu'il faut des ressources au gouvernement, et non pas dans dix ans d'ici. Vouloir dans les circonstances actuelles, tirer la moindre ressource d'effets à longs termes souscrits au profit du gouvernement, serait aussi raisonnable que de vouloir négocier à la bourse, des traites payables le lendemain du jugement dernier prèfixe. L'expérience prouve qu'il est impossible de placer à aucun prix les cédules souscrites à des termes de 18 mois, et au-delà, pour le surplus de la première enchère des biens nationaux, vendus conformément à la loi du 27 brumaire. Je doute même, qu'à moins de les donner en payement aux fournisseurs, on pût placer sans

_________

de revenu, les états détaillés des départemens qui les ont fournis, et qui forment la majorité, donnent 91, 500,000 francs. C'est par apperçu qu'on évalue le reste à 18,300,000 fr.

une perte énorme, toutes celles dont l'é-
chéance passe un an.

D'un autre côté, le numéraire circulant
est si rare, l'intérêt de l'argent placé ou
prêté sur des immenbles est si exhorbitant,
que si on ne voulait vendre les biens dont il
s'agit, qu'au comptant, ou à des termes trop
rapprochés, on ne pourrait s'en défaire
qu'au plus vil prix.

Il faut donc prendre un terme moyen. Je
crois que celui d'une année divisée en six
payemens égaux, dont le premier devrait être
effectué dans le mois de l'estimation de la
portion rachetée, conviendrait également et
aux intérêts des co-partageans et à ceux de
la République.

Quant au prix du rachat, il est encore de
l'intérêt de la République, qu'il ne soit pas
trop élevé, parce qu'autrement les co-partageans aimeront mieux courir les risques
de l'enchère, ce qui non-seulement repro-
duirait tous les inconvéniens attachés à ce
mode de vente, et détaillés ci - dessus ;
mais anéantirait, en partie, la ressource
précieuse que peuvent fournir les effets
souscrits par les co - partageans acquéreurs, en rendant beaucoup moins certain le

payement à l'échéance. Car cette certitude dépend des moyens et de l'intérêt qu'auront les acquéreurs à remplir leurs engagemens, et l'un et l'autre diminueront en proportion de ce que les conditions de la vente seront plus défavorables. Je proposerai le prix de huit années de revenus ; ce n'est à la vérité que la première enchère des biens nationaux vendus d'après la loi du 27 brumaire ; mais aussi le payement le plus éloigné que je propose, n'est qu'à un an, tandis que la loi citée donne 18 mois pour le payement de la première enchère ( qui est assez généralement le prix d'adjudication, à peu de chose près ), et jusqu'à trois ans pour le surplus. On prend d'ailleurs en payement les ordonnances données aux fournisseurs, d'après un traité général fait avec eux, ce qui ne serait pas le cas pour les effets dont il s'agit ici.

Au reste, on peut varier les conditions du rachat d'une infinité de manières, et quant aux termes donnés pour payer, et quant au prix. J'observerai seulement, que comme il s'agit de procurer au gouvernement une ressource assurée et prompte, il vaudrait infiniment mieux diminuer le prix et rapprocher les termes que prendre la marche inverse.

Il s'entend de soi-même, que dans toutes les
hypothèses, un payement que je porterai au
dixième du prix d'adjudication , doit être fait
sur-le-champ , afin d'assurer les payemens
suivans , et que les effets souscrits , n'étant
pas payés à l'échéance , entraîneront outre
la vente à folle enchère , toutes les poursui-
tes qu'on peut faire pour les effets ordinaires
du commerce.

En laissant aux ascendans d'émigrés la faculté de racheter aux conditions que je viens
de proposer , ou à des conditions approchan-
tes de celles-ci , la part dévolue à la République par le partage , le gouvernement pourrait donc en retirer dans l'espace d'un an, 36
millions , au moins ; car le calcul exact , fait
d'après l'évaluation de 110 millions val. 1790,
que donnent les états des départemens, joints
aux renseignemens les moins exagérés, porterait la recette présumée à 48 millions. Une
ressource extraordinaire de plus de 3 millions
par mois , indépendante de tout impôt , et
qui ne nuirait sensiblement à aucune autre
branche des revenus publics , soit ordinaires , soit extraordinaires , serait déjà un objet assez important. Mais ce n'est pas là , à
beaucoup près, ni le seul, ni même le prin-

cipal avantage que le gouvernement pourra
en retirer ; il faut la considérer sous un autre
point de vue, celui du crédit public en général.

Parmi les choses qui contribuent le plus
à assurer le crédit public, et qui en prouvent
davantage la solidité et l'existence, il faut
compter les délégations à terme, (*) données
par le gouvernement, et payées exactement

---

(*). Les bons décadaires qui ne sont autre chose que
des délégations payables à vue par les payeurs des départemens sur qui elles sont données, peuvent être
considérés sous ce rapport, comme la première base
du crédit du gouvernement, parce qu'on ne les émet,
qu'autant que la Trésorerie est assurée que le payeur a
des fonds en caisse pour les acquitter à présentation.
Aussi ces effets sont-ils généralement au pair du meilleur papier ; on les a même vu gagner sur les espèces :
et ce crédit sera le même tant que le gouvernement main-
tiendra, avec une fermeté imperturbable, comme il l'a
fait jusqu'ici, la résolution de n'en pas émettre un dont
le paiement ne soit assuré d'avance. Mais ces bons décadaires, seule chose convenable au crédit public
dans son enfance, ne suffisent pas lorsqu'on veut lui
donner quelqu'étendue ; il faut y ajouter des délégations
à terme, sur des rentrées non encore effectuées, mais
moralement sûres. Or il n'y en a pas de plus propres pour
atteindre ce but que les délégations qui font l'objet de
cet écrit.

à l'échéance ; des écus sonnans gardés en caisse, ne produiraient pas, à beaucoup près, le même effet, ne rendraient pas, à beaucoup près, au gouvernement, le même service.

Or, pour que de pareilles délégations puissent exister, il ne suffit pas que le niveau soit établi entre les recettes et les dépenses (il s'en faut malheureusement encore de plus de cent millions, qu'il le soit pour l'an sept), il faut encore que parmi les recettes il y en ait dont la perception ne souffre aucune difficulté, et sur la rentrée desquelles on puisse compter, pour ainsi dire, à jour fixe. Sous ce rapport, rien n'égale les impôts indirects établis sur les objets de première nécessité, et de consommation générale ; car, pour que leur produit cessât ou diminuât seulement d'une manière sensible, pendant une décade, il faudrait que pendant tout ce temps, trente millions d'hommes cessassent de manger ou de boire.

A côté des délégations sur le produit de ces sortes d'impôts, on peut placer celles sur le produit des biens nationaux vendus (et non pas à vendre, ce qui fait une différence énorme). Mais, il s'en faut de beaucoup que toutes ces délégations aient

la même valeur d'opinion, et par conséquent le même crédit. Cette valeur qui
détermine leur cours sur la place, et le
parti qu'en peut tirer le gouvernement pour
les besoins urgens et imprévus du service,
dépend de la probabilité qu'il y a, que l'ac-
quéreur sur qui ces délégations portent,
pourra et voudra les payer à l'échéance. C'est
ainsi que les derniers sixièmes du quatrième
quart des biens nationaux, vendus en vertu
de la loi du 28 ventôse, ont eu et devaient
avoir, toutes autres choses égales, une
valeur d'opinion proportionnellement plus
grande que tous les autres effets de cette
nature. On savait que généralement le
prix d'adjudication n'était pas trop élevé,
et cette présomption était devenue certitude
pour les biens dont les acquéreurs avoient
déjà payé les trois quarts, valeur nominale,
et les premiers sixièmes, valeur réelle du
dernier quart; en sorte qu'il n'était guère
probable qu'ils s'exposeraient à courir le
moindre risque d'être déchus, pour ne pas
payer les derniers sixièmes à l'échéance.

Mais de toutes les délégations imaginées
et imaginables, celles sur les ascendans d'é-
migrés qui auraient volontairement accepté

le rachat proposé, seraient incontestablement les plus accréditées, par la sûreté du paiement à l'époque prescrite. En effet,

1.º Le rachat étant fait par les anciens propriétaires, et dans l'unique vue de conserver leur patrimoine entier et intact, ces acquisitions ne seraient fondées sur aucune des ces spéculations de revente, qui de tout temps ont fait manquer tant de payemens et encourir tant de déchéances.

2.º Le prix étant payable en numéraire, les acquéreurs ne tomberaient pas en déchéance pour avoir spéculé sur la baisse des effets admis en payement, comme cela est arrivé pour les biens nationaux vendus, payables en bons de deux tiers.

3.º L'esprit même de ces acquéreurs, tous propriétaires, non-seulement les éloigne de toute spéculation, mais fait présumer encore qu'aucun d'eux ne risquerait de prendre des engagemens à terme, sans avoir ou sans s'être préparé les moyens de les remplir à leur échéance. Cette présomption est d'autant plus fondée qu'ils sont censés avoir fait cette acquisition de sang-froid et sans y être entraînés par la chaleur des enchères.

4.º Il ne s'agit pas ici d'acquisitions immenses dont la valeur peut surpasser les facultés des acquéreurs ; les neuf dixièmes d'entr'eux n'auront à payer qu'une fraction .d'un patrimoine dont ils possèdent déjà la majeure partie. Il est donc plus que probable qu'ils *pourront* payer à l'échéance. Voyons. s'ils le *voudront*. Or , je dis :

5.° Ils auront le plus grand intérêt à payer, non-seulement pour ne pas encourir la dé-chéance avec perte de la partie payée comp-tant d'une portion d'immeuble acquise à bon compte , et qui sert à donner de la valeur au reste du patrimoine qu'ils possèdent , mais encore pour n'avoir plus rien à démêler avec le fisc.

6.° ( Et c'est là le point le plus important de tous. ) Non-seulement le payement de ces délégations à leur échéance , sera assuré par toutes les probabilités qui constatent la cer-titude morale ; mais cette certitude sera connue d'avance du public , et toutes les dé-légations étant de la même nature, jouiront du même crédit.

Je soutiens donc que si le gouvernement prend les précautions nécessaires pour que les trente - six millions de délégations , ou plutôt d'effets souscrits provenans de cette vente à l'amiable, ne se trouvent pas fourrés dans la bagarre avec les autres, non-seulement il y trouvera une ressource assurée et inappréciable contre ces besoins imprévus auxquels il faut principalement attribuer les opérations ruineuses dont on se plaint, et le discrédit qui en est la suite ; mais ces effets présenteront à l'opinion publique le phéno-mène des délégations à terme, émises au commencement d'une campagne, et jouis-sant du crédit attaché aux meilleures lettres de changes.

Ce serait donc une véritable mesure de salut public, bien différente de celles à qui l'on a par fois prodigué ou plutôt prostitué cette épithète respectable, qu'une loi rendue avec toute l'urgence possible, qui présenterait au gouvernement cette ressource, avec toutes les dispositions qui peuvent en accé-lérer l'exécution. Je dis *avec toute l'urgence possible ;* car c'est à-présent qu'il faut des ressources au gouvernement, et non pas dans dix ans ; c'est à-présent qu'il en faut pour le service de l'an sept, et non pas pour celui de l'an dix-sept.

S A I N T - A U B I N.